Richard Meerlicht

Gedichte eines Herbstes

100 kleine Gedichte für die dritte Jahreszeit

Kontaktdaten des Autors:

Richard.meerlicht@gmail.com

Herstellung und Verlag: BoD - Books on Demand, Norderstedt
Erste Auflage 2020, Originalausgabe

© Richard Meerlicht, Berlin 2020

Printed in Germany

ISBN   9-783752-692419

Bibliografische Information der Deutschen Nationalbibliothek
Die Deutsche Nationalbibliothek verzeichnet diese Publikation in der Deutschen Nationalbibliografie; detaillierte bibliografische Daten sind im Internet über http://dnb.d-nb.de abrufbar.

Inhalt

Vorwort

Als ich mich März 2020 im Brüsseler Stadtteil Ixelles plötzlich in einem Lock-down wiederfand, beschloss ich, jeden Tag ein Foto des erwachenden Frühlings zu machen und ein kleines Vierzeiler-Gedicht dazu zu schreiben. Im Laufe der Zeit ergaben sich 50 Gedichte, die ich dann durch weitere 50 ergänzte und als kleines Gedichtbüchlein herausgab (Gedichte in der Krise). Diese deckten das Frühjahr ab und das gab mir die Idee, einfach im Juni mit etwa einem Gedicht pro Tag weiterzumachen, bis daraus ein Sommergedichtbändchen entstanden wäre. Ende August war es dann soweit, die 100 Gedichte hatte ich zusammen. Ich beschloss nun, im Herbst weiterzumachen und mittlerweile ist mein Ziel, einen ganzen Jahreszyklus mit jeweils einem Gedichtband abzudecken.

Mit dem vorliegenden Büchlein liegt der Herbstband vor. Während es Anfang Herbst noch einfacher war, zu reisen, sind die Restriktionen mittlerweile wieder größer geworden. Trotzdem sind finden sich neben Herbstlaubbildern auch wieder Fotos von Städtekurzbesuchen.

Ich hoffe, es gibt Leser, die an diesen kurzen, einfachen Zeilen, wie in den ersten Bänden teils auf Deutsch, teils auf Englisch geschrieben, Freude haben. Leider lässt eine preiswerte Publikation im Books on Demand Verfahren, mit aus dem Internet rückkopierten Bildern niedriger Pixelzahl im Laserdruck keine hohe Druckqualität zu. Ich hoffe, die Leser sehen dies nach.

Berlin, im Dezember 2020
Richard Meerlicht

1. Prolog

(letzte Spätsommergedichte)

15. August

Eine Tautologie ist eine Tautologie ist eine Tautologie.
Was anderes ist sie nie.
Möchte die Tautologie was andres sein?
Nein, sie ist, was sie ist, und das ist fein.

20 August

2020 in a nutshell,
until now nuts, hell.
Rather a millstone
than a milestone.
Four months still to bear for us,
Let's hope they offer some solace.

20 August

Flagey boîte à lire, de boekenbox,
with my daily donation, I hope it rocks.
'The Coming Biotech Age',
I expect it makes a reader sage.

21 August

My white train is static, it doesn´t run,
today someone drew on it a sun.
Other graffiti already fading away.
Will I leave or will I stay?
Soul asylum´s *Runaway train,*
comes into my mind again:

Runaway train never going back,
Wrong way on a one-way track
Seems like I should be getting somewhere
Somehow I am neither here nor there.

23 August

Manneken Pis, the little boy,
to Brussels it still brings a lot of joy
But isn´t a role model´s new task
to wear everywhere a mask?

25 August

Summer' s swan song,
and it will not take long,
until autumn is here,
which after all this heat
we do not fear.

26 août

Bruxelles zone rouge, restrictions de voyage
Quand on n´a que Namur
La Meuse a coup sûr
La Sambre et la Citadelle
Quand on n'a qu´elle.

26. August

Den Nagel getroffen auf den Kopf
mit einer Bürste Schopf
Dinge ohne Nutzen,
denn man kann damit nicht putzen
Was will das Ding uns sagen?
Was stellt es uns für Fragen?

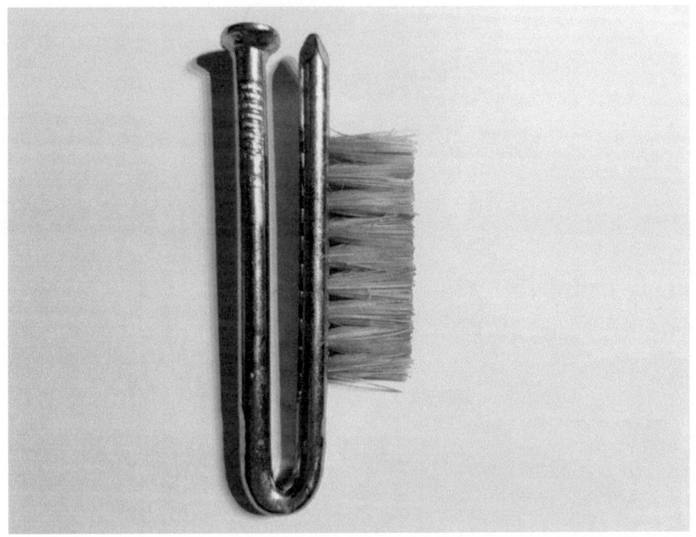

29 August

Giacomo Puccini, composer of Madame Butterfly.
It was this house in Brussels-Ixelles where he did die.
He almost finished the opera Turandot
in the last days of life he got.

30 August

Althaea officinalis or marsh-mellow,
still with powerful pink,
providing to summer a link,
in the garden of the Erasmus house.

30 August

The green house.
Open, but without a door.
Made of glasses, through which
you cannot see.

2. Gedichte eines Herbstes

(September-November)

1 September

Remember, remember,
there will be September.
After summer ends,
with fall please make friends.

5 September

Staying for a while
at the river Dyle.
To go on wanders,
in Mechelen, Flanders.

5 September

A green, green bear,
and what does he wear?
Skin of synthetic grasses
and huge black glasses.

10. September

Sulzfeld am Main,
so winzig klein,
doch gar nicht arm
an historischem Charme.

10. September

Möckmühl an der Jagst,
wenn du dich fragst,
was die Stadt so hat:
Fachwerk satt.

11. September

In Wangen
bleibt man hangen.
Südschwäbisches Schatzkästlein,
die Altstadt mehr als fein.

12. September

Grias di,
Allgäuschwäbisch, Alemannisch.
Egal wie vernommen,
du bist willkommen.

12. September

Höfe, die über der Landschaft thronen
Wanderungen, die sich immer lohnen.
Blicke so weit,
still steht die Zeit.

12. September

Eistobel bei Isny.
Wanderer vergiss nie:
Landschaft so pur,
Kraft der Natur.

13. September

An einer Treppe in Ulm,
unweit vom im Krieg zerstörten Geburtshaus,
Einsteins Lebensdaten:
Geboren 1879 in Ulm,
Annus Mirabilis 1905,
Nobelpreis 1921,
Gestorben 1955 in Princeton.
Relativ viele Zahlen,
und viele Stufen.

13. September

Man sieht so gerne
kleine Blütensterne.
Im Licht heller Sonne,
eine Anblickswonne.

17. September

Bust of Peter the Great,
the tsar that was once Russia´s fate.
In a Brussels park, between many a tree.
Come to the park´s lower part and see.

25. September

Kleine gelbe Blumen,
späte Sonnen,
die fröhlich in den Herbst hineinstrahlen,
wenn das Gras schon braun wird.

26. September

In Langenfeld im Rheinland
Haus mit Bergischem Dreiklang,
schwarz-grün und weiß,
it´s really nice.

27. September

Das Gras noch grün,
Wolken über schneebedeckte Berge ziehen.
Noch Äpfel an den Bäumen,
Herbst verbleibe in des Tages Träumen.

27. September

Der Sommer längst vorüberzieht,
im Bergland noch manche Blume blüht.
Die Luft schon eher kühl als heiß,
doch fröhlich noch der Blütensterne´ Weiß.

28. September

Braunvieh macht auch Mist,
vor allem, wenn man im Allgäu ist.
Das Gras der Heimat ist so grün,
da kann sich anderswo noch so bemüh´n.

28. September

Steht man vorm schönen Martinstor,
kommt es einem so vor:
in Wangen,
...da bleibt man hangen.

1. Oktober

Gib mir eine vier,
gib mir eine zwei.
Die Antwort auch dabei,
was auch die Frage sei.

3. Oktober

Das Wasserschloss von Gemen,
lässt man sich an einem freien Tag nicht nehmen.
Im Wasser spiegelt sich die Kubatur,
und auch der Himmel, die Natur.

3. Oktober

Alter Schwede,
ein Schloss in Rhede.
Vom Krieg verschont,
noch heut´ bewohnt.

3. Oktober

Wesels Berliner Tor
steht man davor,
ein steinerner Zeuge, der zeigt so klar,
dass die Stadt nicht mehr so ist, wie sie einst war.

6 October

Auderghem´s green river
in autumn mood,
but this colour
is far from good.

11. Oktober

Statue of Liberty, doch nicht in den USA,
am Bahnhof von Erkelenz steht sie so da.
Sie leuchtet nicht für die Freiheit im ganzen Land,
lediglich Werbung für ein US-Restaurant.

12. Oktober

Wassenberg, hübsche kleine Stadt,
die, was man braucht, fast alles hat.
Es gibt sogar ein kleines Tor.
An einem Sonnentag stand ich davor.

17. Oktober

In der kleinen Stadt Wiehl,
Fachwerk, davon gibt es dort viel.
Der Herbst malt die Bäume orange und rot.
An Farben herrscht hier im Oktober nicht Not.

18. Oktober

Wermelskirchen
Die kleine graue Schieferstadt,
die doch Gewisses für sich hat.
Fensterrahmen weiß, die Läden grün,
das schön zu finden, ist nicht kühn.

18. Oktober

In Wermelskirchen im Bergischen Land
ich dieses Ortsschild fand.
Kleiner Weiler Habenichts,
Ausgangspunkt eines Gedichts.

20. Oktober

Mit der Blätter Farben geht es rund,
der Innenhof jetzt herbstlich bunt.
Grün, Gelb, Orange und Rot,
das Laub spürt schon den Kältetod.

22 October

A sky increasingly grey,
days get shorter, come what may.
But with the yellow trees of Brussels,
autumn shows its colour muscles.

24 October

Brussels with days still mellow
and roads so yellow.
This town has it all,
the European capital of fall.

25 October

Waiting for better times,
waiting for softer chimes
A bench under orange canopy,
but people on it you do not see.

26 October

Brussels 10 pm curfew,
on the streets you see only few.
No nightlife can be found,
Corona still around.

27 October

Many, many leaves on the ground,
deep autumn, that´s what I found.
Trees´ foliage fades,
colours in all shades.

28 October

The willow branches´ move
to autumn´s groove,
A soft and gentle sound,
leaves in the water and on the ground.

28 October

Autumn´s pond,
of which I am fond
Brown-green view,
makes me slightly blue.

29 October

Looking through a mesh,
seeing flowers fresh.
So much delight,
from their petal pride.

29. Oktober

Ahornblätter auf dem Weg,
wie ein Himmel voller Sterne.
Aber auch wie Zahnräder
einer Zeit, die nie stillsteht.

30. Oktober

Es führt ein Weg nach irgendwo,
gepflastert mit Blättern,
gefüllt mit Lettern
aus dem Buch des Lebens.

31. Oktober

Oktober ein goldenes Füllhorn
über uns so üppig ausschüttend,
dass wir wie trunken
durch glühende Herbsttage torkeln.

31. Oktober

Unter dem Baum geht es rund,
der Herbst malt sehr bunt.
Kleine weiße Blüten
uns vor Melancholie behüten.

31. Oktober

Weinsberg
Im Haus von Kerner, dem Dichter,
brennen noch Lichter.
Es lässt sich besuchen,
seine Spuren zu suchen.

1. November

Insel Hombroich
Herbst ist Kunst,
und Kunst ist Herbst.
Der Hallen Schätze
und der Schätze Hallen.

1. November

Kunst der Natur,
Kunst pur.
Im Auge des Betrachters
oder noch weiter innen.

1. November

Die Pandemie fordert großen Bedacht,
die Kultur hat das Licht schon ausgemacht.
Wenn Menschen nicht mehr Menschen scheuen,
leuchtet die Kultur von neuem.

1. November

Burscheid
Kleiner Ort im Bergischen Land,
den ich beim Sammeln von Städten fand.
Auf den Straßen kaum was los,
diese Stadt ist nicht besonders groß.

2. November

Blauer Himmel, Birken,
hier kann die Herbstpracht wirken.
Das Ziel ist nicht weg,
denn der Weg ist das Ziel.

2. November

Großer Weiher
mit ruhiger Wasseroberfläche an welcher
nur ein schwimmender Wasservogel
den Lauf der Zeit anzeigt.

6. November

Täglich soll es früher dunkeln,
doch immer wieder ein gewisses Funkeln.
Herbstlaub bereits überall,
Bäume strahlend wie ein Sonnenball.

6. November

Vom Wind behüte
noch manch weiße Blüte,
im Viertel eine Wand
wie eine beschützende Hand.

9 novembre

Rue introuvable
Infranchissable
Inoubliable
Du sablier, le sable.

11 November

Green hill, round as cheeks,
but with autumn´s freckles.
While the leaves fall
the grass still rises.

12 November

Galaxy of tiny leaves,
among the things that autumn gives.
A closer look when you walk,
shows many of them have a stalk.

12 November

The year flies away
on a magic carpet.
The year leaves
on autumn´s leaves.

13 November

Not all the leaves are brown,
and the sky isn´t grey.
Some are red and some are green,
on a cheerful autumn day.

14 November

What mirrors this pond
is of what we are fond,
yellow trees and a blue sky,
an old castle nearby.

14 November

Autumn does not excel in flowers,
but in the foliage´s colourful showers,
covering each inch of the ground
and even in the water it can be found.

14 November

A lake in November light,
the sun still shining so bright.
But the year is already old
and the water is already cold.

14 November

Straelen
Little town near the lower Rhine.
Brick buildings, which look quite fine.
But life is a bit missing here,
people the pandemic fear.

15. November

Stolberg, stolze Stadt,
die eine Burg mit Bruchsteinmauern hat.
Fußgängerwege in ein tiefes Tal
Beeindruckend, ein jedes Mal.

15. November

Stolberg, alte Industriestadt,
mehr Charme als man erwartet hat.
Bruchsteinhäuser, Bach, Laterne,
so ein Ensemble sieht man doch gerne.

15. November

Im Herbst in einem Buchenwald zu sein,
kann etwas wirklich schöner sein?
In der Ruhe liegt die Kraft,
die Stille neue Kräfte schafft.

15. November

Symbole aus den USA,
in einem Garten viele da.
Schaufensterpuppe mit Cowboyhut,
skurriler Kitsch und fast schon gut.

16. November

Aachen Lousberg

Am Aussichtspunkt aus Metall ´ne Scheibe,
an der ich gerne noch verbleibe.
Entfernungen nach nah und fern,
bis Nideggen und auch nach Bern.

16. November

Der Herbst mit dicken Strichen malt,
sogar die Sträucher tief im Wald.
Grün, gelb und auch noch braun,
sehr schön, das alles anzuschau´n.

16. November

Thomas Bernhard in Heerlen geboren,
seine Mutter hatte diesen Ort auserkoren.
Weit von der Heimat, in einem modernen Land,
wo man an einer Ledigen Kind nichts Falsches fand.

21 November

The Brussels balcony view
shows that leaves remain just few.
Late, late autumn mood
in my dear old neighbourhood.

23 November

Abbeye de la Cambre
Plants like big milestones,
showing the end of the growth season.
Or is it three dots of a story,
that will continue.

23 November

Trees´ foliage completely gone,
still a green plant, shaped like a cone.
Few in the park for a stroll,
cold November air taking its toll.

24 November

At the park´s edge
there is a hedge.
Most leaves have faded into brown,
but still some colours on this crown.

24 November

Violet-purple flower surprise,
and green leaves, it looks quite nice.
In spring they´d get less attention,
but in late autumn something to mention.

27. November

Datteln, nicht weit von Essen.
Unscheinbare Stadt, meistens vergessen.
Ein Fachwerkhaus im Weihnachtslicht,
behaglich, obwohl recht schlicht.

27. November

Waltrops Knusperhäuschen
warten auf ein Nikoläuschen.
Weihnachtliches Licht
durch schmale Gassen bricht.

28. November

In Aachens Dom,
ein gotischer Chor
verzaubert dich,
stehst du davor.

28. November

Das Haus des Herbstes
trägt einen Blättervorhang.
Seine warmen Farben
lassen die Kälte nicht hinein,
und die Melancholie nicht hinaus.

29. November

In Prüm in der Eifel
ist das Beste, kein Zweifel,
die alte Abtei,
wer auch der Besucher sei.

29 November

Out from the tunnel
passing the funnel.
In Brussels at the Parliament,
a railway trip finds its end.

30 November

Autumn ends with few remaining leaves,
you have to take, what nature gives.
On the water mellow light,
hope that next month will be right.

3. Der Blick zurück

(Gedichte 2012-19)

September 2018

In Pforzheim gesehen,
fast um mich geschehen.
Sehr charmante Idee,
welche nicht nur ich gerne seh´.

Oktober 2018

Rabenschwarze Nacht in Stockholm.
Dabei ist es noch gar nicht so spät.
Aber auch das Wasser verschluckt das Licht,
viel dunkler wird es nicht.

September 2019

Eines meiner ersten Bilder,
eher streng, statt wilder.
Meine geliebten Streifen,
ich konnt´s mir einfach nicht verkneifen.

October 2019

The flow of time,
3000 years of history
in one infogramme
spread out,
on the ground.

November 2019

Murphy´s law,
that´s what I saw
in autumn time
in good old Mannheim.

November 2019

Bad Wimpfen
Through lattice windows
you see quite a dose
of a half-timbered treasure box.
A small town that rocks.

November 2019

Autumn, this giver
makes a speckled green river,
like an impressionist tableau
that´s why I like it so.

November 2019

Serene Venice,
flooded by water
but not by tourists.
Black gondolas
and a blue horizon.
As always.

November 2019

In Auderghem
wie die Zeit vergeht.
Wenn Wind den Blätterschauer verweht,
des Herbstes Schauder geht

November 2019

All the leaves are brown,
but the sky isn't grey.
Wallifornia dreaming
on such an autumn's day.

What nature gives…
When leaves fall
from tall trees,
the fall leaves.

The end

(Fortsetzung folgt)

Weitere Gedichtbände des Autors
(erschienen bei Books on Demand, Norderstedt)

Richard Meerlicht
Gedichte in der Krise
Kleine Seelenwärmer in schwierigen Zeiten
(März-Mai 2020)

Richard Meerlicht
Gedichte eines Sommers
100 kleine Lichtstrahlen in schwierigen Zeiten
(Juni-August 2020)